UNE

SEULE CHAMBRE

DISCOURS PRONONCÉ A L'ASSEMBLÉE NATIONALE

Par M. de Lamartine

(Conforme au Moniteur.)

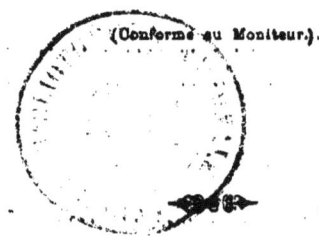

PARIS
MICHEL LÉVY, FRÈRES, LIBRAIRES-ÉDITEURS
de *Jérome Paturot à la recherche de la meilleure des Républiques*,
PAR LOUIS REYBAUD,
Rue Vivienne, 1.
—
1848

M. DE LAMARTINE.

DU PROJET DE CONSTITUTION............ 30 cent.
DU DROIT AU TRAVAIL.................... 30
LA PRÉSIDENCE.......................... 30

M. THIERS.

DU DROIT AU TRAVAIL.................... 30
DU CRÉDIT FONCIER..................... 30

M. DUFAURE.

DU DROIT AU TRAVAIL.................... 30

M. LÉON FAUCHER.

DU CRÉDIT FONCIER..................... 30

Paris. — Imp. Lacrampe et Comp., rue Damiette, 2.

DISCOURS

SUR LA QUESTION

D'UNE OU DEUX CHAMBRES

PAR M. DE LAMARTINE.

Citoyens représentants, je viens combattre l'amendement de MM. Duvergier de Hauranne et Rouher; je viens combattre cet amendement avec un sentiment que je dissimulerais mal et que je ne dois pas dissimuler, celui d'un profond respect pour les raisons de nos honorables adversaires, et d'une véritable anxiété d'esprit au moment de prendre une grande résolution. Ce respect est tel, que si je montais moi-même à cette tribune dans quatre ans d'ici, au lieu d'y monter aujourd'hui, si j'y montais quand la République sera un fait incontestable et incontesté, sera passée, non pas à l'état d'institution, mais à l'état d'habitude dans le pays, oui, peut-être moi-même, à une époque de tranquillité et de sécurité parfaites, à une époque où la société, attaquée de toutes parts dans son essence et dans sa forme, n'aurait pas besoin de cette contradiction de forces que nécessite l'énergie du pouvoir, peut-être moi-même hésiterais-je à me prononcer dans le sens pour lequel je vais me prononcer temporairement aujourd'hui.

Messieurs, mon motif se résume tout entier, pour moi, dans un seul mot que je lisais, l'autre jour, dans Plutarque : « Les bonnes lois sont filles du temps. » C'est le mot contraire à celui de Pascal : « Verité au delà des Pyrénées, erreur en deçà. » Mot devenu, depuis, le proverbe du scepticisme.

Eh! oui, sans doute, vérité au delà des Pyrénées, mensonge en deçà! Quand il s'agit de vérités politiques, messieurs, quand il s'agit de vérités d'application, et non pas de ces vérités souveraines et absolues qui sont indépendantes des lieux, des temps, des circonstances, vous sentez tous que les vérités constitutionnelles, que les formes que les nations ont à se donner suivant les temps, suivant les nécessités de leur existence, ne sont pas de cet ordre de vérités permanentes, mais qu'elles sont gouvernées par les mœurs et les dispositions des peuples. C'est là, je le répète, la seule pensée qui a entraîné d'une manière décisive ma conviction du côté d'une seule assemblée, au moins pour la première période, pour la période révolutionnaire, la période de fondation, d'agitation, de faiblesse de la République naissante.

Mon Dieu ! messieurs, j'ai réfléchi comme vous ; j'ai lu l'histoire comme vous ; j'ai compris comme vous les dangers. Là, il y en a dans tous les partis : le danger du despotisme pour les monarchies, le danger de l'anarchie pour les démocraties ; j'ai vu ce qu'avait produit l'unité des assemblées,... ou plutôt, je me trompe, j'ai vu ce qui s'était produit d'excès, de malheurs, de catastrophes sous l'unité des assemblées. Mais j'ai vu aussi que les mêmes malheurs, les mêmes catastrophes s'étaient produits sous la dualité du pouvoir législatif. J'ai vu dans ces catastrophes et dans ces malheurs une contemporanéité de faits, bien plutôt qu'une cause essentielle qu'il fallût attribuer à l'unité du pouvoir législatif dans telle ou telle forme de constitution ; je connais comme vous la valeur des conditions mécaniques du soi disant équilibre dans les pouvoirs. Je sais que tout mouvement se compose d'impulsion et de résistance. A l'exemple de la nature, je voudrais combiner ces deux forces, plus tard, dans les institutions de mon pays ; mais en ce moment, je me suis demandé, pour m'éclairer sur la circonstance, qu'est-ce que c'était qu'une constitution ?

Qu'est-ce que c'est qu'une constitution, en effet, si ce n'est la forme extérieure d'un peuple ? Ce n'est pas quelque chose d'arbitraire, ce n'est pas un vain système qu'une constitution, c'est une réalité de la nature nationale produite en relief par le génie même des législateurs ; c'est la nation donnant sa forme à son moule constitutionnel, ce n'est pas le moule constitutionnel, comme vous le pensez, imprimant arbitrairement sa forme à la nation. (Très-bien !)

Eh bien ! partant de ce principe, j'ai regardé pourquoi vous aviez deux chambres en Angleterre ; pourquoi vous aviez deux chambres encore dans les Etats-Unis d'Amérique ; pourquoi deux chambres dans certains Etats de l'Amérique du sud; et j'en ai trouvé la raison, non pas dans cette vérité purement numérique qui préfère le chiffre *deux* au chiffre *un* dans la définition du pouvoir législatif, je l'ai trouvée dans l'essence même, dans la nature même, dans l'antiquité, dans les intérêts des deux grands peuples auxquels ces différentes définitions du pouvoir se rapportent.

Ainsi, par exemple, en Angleterre, pourquoi avez-vous deux chambres? Je rougirais de répondre; vous le savez tous. L'Angleterre a été d'abord presque exclusivement une aristocratie; la chambre des communes y était plutôt une chambre de tolérance qu'une chambre souveraine. Remontez aux racines de l'histoire d'Angleterre, et vous verrez partout la trace de ce que je vous dis là. Quand, au contraire, l'esprit du temps a développé le principe démocratique, le principe des communes en face de l'aristocratie anglaise, la valeur de la chambre des pairs, centre, dépôt, foyer des grands intérêts féodaux, territoriaux, aristocratiques, sous toutes les formes du pays, a nécessité que ces grands intérêts eussent une représentation réelle, sérieuse, puissante dans une chambre haute opposée aux accroissements de la chambre démocratique.

Avez-vous rien de semblable en France, je vous le demande?

En Amérique, on nous parle de deux chambres, permettez-moi de le dire, sans comprendre, même historiquement et à une époque cependant si rapprochée du point où nous sommes, quelle est la nature des deux chambres américaines. Certes, il n'y a aucun rapport entre la pensée qui a fait naître le sénat aux Etats-Unis et la pensée qui voudrait aujourd'hui créer arbitrairement deux chambres, dans l'unité complétement démocratique, dans l'unité de dépense, d'intérêt, d'origine, de rang, de la nation française.

Vous savez comme moi, ou vous le saurez en y réfléchissant un instant, que le sénat en Amérique ne représente pas telle ou telle partie, telle ou telle catégorie de cette grande démocratie unitaire; le sénat américain représente, quoi? quelque chose de réel, quelque chose de préexistant dans la nature même du peuple américain (dans sa perfection ou dans son imperfection, comme vous voudrez), il représente le principe fédératif, le principe fédératif, qui est le lien même de l'union, et qui, dans la constitution tout entière, avait besoin, certes, d'être représenté dans un sénat qui représentât les différents Etats dont elle se compose dans leur partie d'individualité conservée par eux.

C'est là l'unique et seule cause de l'existence du sénat américain. Ce n'est pas la démocratie, c'est la fédération qu'il représente ; ce n'est pas la perfection de l'unité démocratique, c'est l'imperfection encore, c'est le défaut d'unité nationale, c'est une espèce d'anarchie prolongée encore après une formation si récente.

Voilà l'origine, voilà la cause, voilà les motifs de l'existence des deux chambres en Amérique. (Très-bien ! très-bien !)

Et si, reportant maintenant vos esprits, d'une nation qui a si peu de rapports essentiels, si peu d'analogie, si peu de conformité d'origine et de nature avec la nation française, sur votre propre situation, sur votre propre nature à vous, sur nos propres intérêts passés, présents, à venir, vous vous interrogez, vous vous demandez : une chambre française doit-elle imiter cette constitution adaptée à un autre peuple ? doit-elle faire représenter des éléments fédératifs qui n'existent plus chez nous ? Vous vous répondrez mille fois non ! Vous imiteriez un défaut ! vous vous calqueriez sur un vice ! vous introduiriez une imperfection

1.

fédérale dans l'unité de la représentation de la France! (Très-bien! très-bien!)

Oui, je vous dirai que ce serait l'acte le plus inopportun et le plus empreint d'anachronisme qu'une constitution puisse jamais rêver.

Avez-vous, comme l'Angleterre, une aristocratie? La France est-elle une aristocratie? qu'on examine à fond sa nature, qu'on déchire tous les voiles, comme on vous le demandait l'autre jour, la puissance n'est plus dans les fictions; qu'on ne la cherche plus là; ne cherchez la force constitutive, ne cherchez la force exécutive que dans la réalité; la réalité c'est la nature même de la France.

La France a-t-elle une aristocratie comme l'Angleterre? Inutile de vous le demander. Tous ses éléments qui ont été renversés avec la constitution elle-même de la société possédant en 1789, sont aujourd'hui disséminés sur le sol à l'état d'égalité légale, complète avec tous les autres citoyens. Il n'y a plus aucune autre aristocratie en France que celle que vous reconnaissez vous-mêmes, l'aristocratie des lumières, l'aristocratie de l'intelligence, celle de la probité. Celles-ci sont constatées par qui? Par cette force mobile, viagère, individuelle, insaisissable, qu'on appelle l'élection, par la manifestation de la conscience et du sentiment public. Voilà votre seule aristocratie. Est-ce celle-là qui aurait besoin d'être constituée en deux assemblées législatives? Vous n'avez, vous n'aurez qu'une supériorité, celle des grands et bons citoyens! Voilà l'aristocratie de la France, car l'ancienneté des noms est une honorable notoriété, c'est une considération, ce n'est plus un privilége!

Avez-vous une théocratie? Mais votre sacerdoce n'est que le composé d'honorables et pieux citoyens rendant un service spirituel à l'État et rétribués par lui pour la sainteté du service qu'ils rendent au pays, sans mainmorte, sans dotation spéciale, perpétuelle, sans rien de ce qui constitue cette grande permanence d'existence des corps, qui nécessite leur représentation dans une église d'État, un corps plus spécialement aristocratique et conservateur.

Avez-vous une caste militaire? avez-vous des familles adonnées spécialement aux armes? Non. Tout citoyen a le droit de saisir des armes, et quand il a passé courageusement sa vie à servir honorablement son pays, il n'y a privilége ni pour lui ni pour son fils; il passe à un autre l'épée avec laquelle il a couvert sa patrie.

Si je parcourais les autres conditions de la société française, je trouverais cette même fugitivité, cette même passagèreté, cette même viagèreté ; il n'y a rien à y constater que la valeur personnelle des individus, la valeur personnelle reconnue, par qui ? Par l'opinion unanime, sans catégorie, sans privilége, sans exception de la généralité des citoyens, par ce grand tribunal de l'élection et de l'opinion publique dont je vous parlais tout à l'heure, et qui est la souveraineté de tous exprimée par tous.

Il est évident, surabondamment évident pour moi, et il le sera, je n'en doute pas, pour tout homme réfléchi qui a lu l'histoire, qui a scruté les différents éléments dont la nature des peuples se compose, qu'une représentation aristocratique, à un titre quelconque, ne peut être qu'un rêve parmi nous. Vous n'en avez plus la chose ; vous en créeriez le mot avec danger, et non avec profit pour nos institutions républicaines. (Très-bien ! très-bien ! — Approbation.)

Oui, ce serait pis qu'un rêve, messieurs, ce serait un péril grave et renaissant, un péril, je le sais, masqué sous une prudence apparente, un péril conservateur, si vous voulez (On rit), dans l'esprit de ceux qui le proposent ; mais ce serait un péril réel ; car, n'oubliez jamais devant qui vous fonderiez cette seconde chambre, vous fonderiez ce germe d'une aristocratie quelconque dans notre pouvoir législatif unitaire; vous le fonderiez devant une démocratie qui, comme le disait l'autre jour l'honorable M. Falloux, s'est sans doute développée graduellement, lentement, traditionnellement à travers les siècles, sous la main même, tantôt de l'Église, tantôt de la monarchie intéressée à la faire surgir contre des aristocraties rivales; devant une démocratie qui ne possède son règne, sa force, sa signification, sa puissance que depuis cinquante-six ans; devant une démocratie récente, et par cela même qu'elle est récente, naturellement ombrageuse, inquiète, jalouse, susceptible, et qui, n'en doutez pas, ne verrait pas, sans une susceptibilité illégitime, je le reconnais, je suis bien loin d'accuser la pensée de mes collègues, mais qui ne verrait pas, sans une susceptibilité inquiète et jalouse, se former, à sept mois d'une chambre des pairs, à dix-huit mois d'une pairie héréditaire, et à peu d'années d'un sénat presque féodal, se former, dis-je ce noyau d'une aristocratie qui commencerait par être législative à ses yeux, et qui finirait par être souveraine, ne l'oubliez pas. (Très-bien ! très-bien ! — Longue agitation.)

J'écarte de la discussion, et de la tribune, et de ma pensée, les innombrables considérations qui militeraient dans un discours *ex professo*, si c'était l'heure et le temps de le faire, en faveur de l'unité du pouvoir législatif ou d'une seule chambre.

Je me borne à cette pensée, non pas de science, mais à cette pensée d'instinct qui a déterminé et qui, je n'en doute pas, citoyens, déterminera à votre insu, sans vos réflexions, mais par ces réflexions soudaines, ces réflexions foudroyantes qu'on appelle l'évidence dans la poitrine de l'homme, qui déterminera, je l'espère, votre vote, dans une question de si haute portée. Je veux dire ce sentiment qui coordonne les actes des peuples aux nécessités et aux époques que ces peuples ont à subir ; je veux dire ce sentiment qui contracte les forces lorsqu'il y a un immense effort à faire, soit pour enfanter un ordre social nouveau, soit pour défendre dans les parties où elle doit être défendue cette société qui ne nous est pas moins chère qu'à vous, et que nous voulons armer autant que vous, plus que vous, par une chambre unique. de la force indomptable qui la fasse triompher de toutes les attaques de gauche, de toutes les attaques de droite, de toutes celles d'en bas, de toutes celles d'en haut, pour arriver à la fondation de la République, qui n'est, selon nous, que la société personnifiée, la société défendue, la société administrée dans tout ce qu'elle a de juste, de légitime et de véritablement populaire. (Approbation.)

Voilà quelle est notre pensée : contracter ses forces à mesure qu'on a des efforts plus gigantesques à faire, et, ne nous le dissimulons pas, nous en aurons d'immenses. Nous y suffiror ; mais ce temps ne nous appelle pas à disséminer systématiquement et théoriquement le peu de force sociale que nous ayons. (Très-bien ! très-bien !)

Quoi ! citoyens, c'est en présence de la situation française que nous agirons ainsi ? Je ne veux pas exagérer notre situation, je ne veux pas l'atténuer non plus ; nous devons la vérité à nous-mêmes, nous devons la vérité au pays, et cette vérité, nous ne la devons pas seulement à nous-mêmes et au pays, nous ne la devons pas seulement en paroles t en discussions à des tribunes, nous la devons en actes, nous la devons en faits, dans notre constitution, à ceux qui viendront après nous. Eh bien ! viendraient-ils après nous, si nous périssions nous-mêmes dans l'œuvre difficile, dans l'entreprise prodigieuse que nous avons tentée par nécessité et que nous devons accomplir ?

Quoi ! c'est au moment où l'Europe tout entière est en mouvement, dans les mêmes idées, idées moins sages, moins connues, moins expérimentées que celles qu'heureusement nous en avions nous-mêmes, mais idées qui produisent çà et là des explosions dont les contre-coups, dont les retentissements peuvent porter jusqu'à vous; en présence de tous vos sentiments sociaux, à vous-mêmes, de tous vos dangers politiques, des ressentiments, des souvenirs, des scepticismes, des incrédulités, des cynismes d'opinions dont nous sommes envahis... (Très-bien!) C'est en présence de pareilles circonstances que des spéculateurs politiques viendraient nous dire, après de froides réflexions dans leur cabinet : Tout bien réfléchi, deux chambres valent mieux qu'une. (Hilarité.) Si nous avons deux chambres au lieu d'une seule dans notre constitution, cela fera mieux dans un tableau historique; c'est un système, c'est une théorie, c'est une synoptie, qui répond mieux aux élucubrations philosophiques de telle ou telle école politique dans le pays. Ecrivez deux chambres, vous ne risquez rien.

Moi je dis que vous risquez tout. (Vive approbation.)

Et moi, je vous dis, citoyens : Vous risquez beaucoup, vous risquez tout à jouer, dans le moment où nous sommes, avec des spéculations et des théories politiques. (Vive approbation.)

Je reprends, citoyens : Je vous disais tout à l'heure que j'engageais les honorables membres de cette assemblée qui avaient considéré la question sous un autre point de vue que nous, à bien réfléchir encore avant de se décider, de ne pas jouer, et, quand je dis jouer, je ne me sers pas d'un mot offensant ; dans mon esprit, je veux dire ne pas attribuer trop peu d'importance aux choix des systèmes ; de ne pas se perdre dans des considérations étrangères aux lieux, étrangères aux temps dans lesquels nous avons à agir et à constituer notre pays ; car, pendant que nous nous amuserions à ces considérations historiques, théoriques, géographiques, sur la nature toujours variable selon les temps et selon les peuples, dans la législation bigarrée des empires, les réalités qui sont sous nos pieds ne joueraient pas avec une Assemblée constituante et le pouvoir législatif double qu'elle aurait affaibli en le fondant. Non, ce n'est pas le moment, pendant qu'un pays est dans l'enfantement laborieux de sa propre liberté, de sa constitution définitive ; pendant que, comme cela arrive presque toujours dans l'histoire (ce malheur ne nous était pas réservé), cette constitution se médite, cette constitution se bâtit assise par assise, non pas dans le calme nécessaire à la réflexion de cette œuvre la plus sublime du genre humain, mais dans les mouvements, dans les agitations qui accompagnent l'enfantement des grandes œuvres humaines. (Mouvement.)

Citoyens, pendant, dis-je, que vous fondez cette constitution, qui voudrait tout le calme, tout le sang-froid de la sincérité et de la réflexion, il s'agit de grandes choses autour de vous, dans le monde, sous vos pieds mêmes ; je n'ai pas besoin de vous les rappeler : voyez l'état de la société, voyez l'état du monde, voyez l'état intérieur, l'état extérieur de notre pays !

Eh bien ! qu'arriverait-il, messieurs, si vous vous trompiez, si vous établissiez, comme on vous le propose, cette lenteur systématique, cette faiblesse, cet embarras, ce frottement, ce froissement artificiels et toujours ralentissants dans les rouages de la constitution que vous allez fonder ? (Bravos.)

Si vous imposez les lentes évolutions de la combinaison de deux ou trois pouvoirs entre eux, et dont nous avons pu être impunément les témoins pendant que le monde était calme et désarmé autour de nous, que pourrait-il arriver, au contraire, aujourd'hui ? C'est que la Russie serait sur le Rhin, c'est que l'Italie serait dévorée par le Nord, c'est que vos factions antisociales auraient le loisir de recruter les plus funestes passions, celles qui s'attaquent à la racine même de toute société, la famille, la propriété, l'État ! et que ces idées désespérées seraient vingt fois sur les barricades pendant que vos trois corps, pondérés l'un par l'autre, tâcheraient de se concilier et de s'entendre pour les combattre et sauver la patrie des patries, la société et la civilisation. (Très-bien ! très-bien !)

Citoyens, nous ne sommes plus dans le temps des fictions. Il faut savoir, en hommes d'état révolutionnaires, disons le mot, le mot dans sa bonne et honorable acception, et vous ne vous y trompez pas, je veux dire, en hommes condamnés à penser, à parler et à agir dans un temps de révolution, et pour faire prévaloir, dans sa forme la plus magnanime et la plus conservatrice de la société, cette révolution même, il faut savoir échapper à ces souvenirs, à ces conventions nominales du gouvernement représentatif d'autrefois, gouvernement de trois pouvoirs, gouvernement qui pouvait, qui devait avoir deux chambres dans la logique de ses institutions et de sa nature ; car, au centre de ces deux corps législatifs divisés, qu'aviez-vous ? Messieurs, vous n'aviez pas comme aujourd'hui le vide, le néant, ou la puissance ondoyante, fluctuante, incertaine et étonnante quelquefois, de l'élection ; vous aviez une souveraineté fixe, immuable, plaçant sa racine, non pas comme nous dans la terre, plaçant sa racine dans le ciel, et en découlant par droit divin, par la superstition même de l'opinion publique ; vous aviez ce pouvoir qui se reconnaissait par lui-même, qui se défendait par lui-même, qui se perpétuait par lui-même, et qui, pour être seulement modéré par le progrès même de la liberté que vous aviez faite non encore complète, devait avoir autour de lui tantôt un appui, tantôt une résistance ; cela est évident.

Par cette trinité du pouvoir constitutionnel, vous aviez la nécessité de deux chambres ; mais aujourd'hui, où est la souveraineté, je vous le demande ? Elle est en vous, ou elle n'est nulle part. La souveraineté a-t-elle besoin ou non d'être constituée, d'être condensée, d'être concentrée, d'être toujours présente, d'être exécutive, législative, suivant les besoins du jour ou les périls du lendemain ; qui de vous osera me répondre que non ? Eh bien ! si personne dans cette enceinte n'est assez insensé ou aveugle pour me nier cette nécessité, de la permanence, de l'ubiquité, de la présence réelle, pour me servir du mot, de la souveraineté de l'Assemblée nationale, qui donc osera dire que, pour fortifier cette souveraineté, il faille la diviser en deux assemblées, la mutiler ? (Très-bien ! très-bien !)

Je pourrais, je le répète, m'étendre beaucoup plus sur cette question ; je pourrais répondre à beaucoup d'arguments de l'honorable préopinant, mais, je ne répondrai qu'à un seul, c'est celui qui l'a touché, des rapports d'une chambre unique ou des deux chambres avec le pouvoir exécutif.

Citoyens, vous n'avez pas encore achevé votre constitution : si tous les articles de votre constitution avaient passé par la redoutable épreuve de cette Assemblée et de vos suffrages, peut-être pourrais-je discuter avec mon honorable antagoniste M. Rouher, si, dans certains cas, et pour les rapports du pouvoir exécutif avec le pouvoir législatif, il serait préférable d'avoir deux assemblées. Mais sommes-nous dans ce cas?

Que connaissons-nous de notre constitution? Ce que la commission nous en a fait connaître, ce que la sagesse et les lumières de cette Assemblée nous permettent d'espérer voir adopter par l'universalité de l'Assemblée elle-même dans le projet de votre commission. Eh bien! dans ce projet, qu'avez-vous fait à l'égard du président? Lui avez-vous constitué, comme on s'en effrayait beaucoup trop, selon moi, une espèce de royauté quinquennale? Avez-vous donné à ce modérateur, à ce régulateur que vous appellerez le président de la République, une force propre, essentielle, une prérogative qu'il ait besoin de faire juger, tantôt par une chambre, tantôt par l'autre, tantôt par les deux? A-t-il le droit, qui seul, selon moi, motiverait la dualité du pouvoir législatif, qui seul motiverait la création de deux assemblées, de dissoudre l'Assemblée nationale? Non, non; vous avez refusé, je ne dis pas, je n'ai pas encore examiné la question, je ne dis pas que vous ayiez agi sagement ou imprudemment à cet égard, je ne me prononce pas en moi-même, je ne l'ai pas réfléchie encore; mais enfin il est évident que, si le président de la République française n'a pas le droit de dissoudre l'Assemblée, il est évident qu'il sera les bras croisés, impuissant, complétement désarmé, en face d'un conflit possible entre les deux chambres que vous aurez mises sous sa main; car enfin, comment les départagera-t-il quand un conflit radical se sera produit sur une grande mesure politique? Il sera désarmé! Il regardera, il attendra, il prendra vainement parti pour l'une contre l'autre, sans pouvoir les départager jamais en faisant appel au pays, comme le faisait la monarchie? Quelle situation honteuse et périlleuse à la fois dans votre système pour un président! Il assistera à l'anarchie des chambres! voilà le rôle que vous lui feriez. (Très-bien! très-bien!)

Ici je m'arrête, messieurs. Cependant, avant de conclure, il me vient quelques scrupules, et je demande à l'Assemblée encore quelques minutes pour lui en faire part. (Parlez! parlez!)

On dit dans l'amendement (je viens de le lire): Les électeurs, une seule classe d'électeurs, je le reconnais, on nous fait la grâce de ne pas scinder la démocratie, de la reconnaître une, tout en voulant diviser son expression et sa tête. On nous dit : Les électeurs nommeront le sénat ou la seconde chambre, comme ils ont nommé la première.

Je demanderai aux honorables auteurs de l'amendement de vouloir bien répondre aux deux ou trois interrogations que je vais leur poser, ou plutôt que je me pose à moi-même.

A quel signe les électeurs, le pays, le pouvoir, l'Assemblée législative, l'ensemble du gouvernement, de la souveraineté française, reconnaîtront-ils que tel ou tel membre de ce pays, apte à tout, susceptible d'adopter librement toutes les vocations, en choisissant lui-même, et non pas en faisant choisir à personne, à quel signe pourront-ils dire à tel ou tel membre politique : Toi, tu seras de la première chambre ! toi, tu seras de la seconde ! toi, tu seras du sénat ! toi, tu seras condamné à n'être que de la chambre des communes ! (Rire approbatif.)

Comment ferez-vous cette répartition ? (Sensation prolongée.)

Je le demandais et je le demande à l'Assemblée elle-même, où placerez-vous ce signe de capacité distinctive entre telle ou telle classe, telle ou telle catégorie, ou, pour me servir des mots démocratiques, entre tels ou tels citoyens aptes, ou telle ou telle nature de fonctions, dans telle ou telle chambre? sera-ce à la profession?

Direz-vous, comme je l'entendais tout à l'heure sur mon banc, aux membres de l'Institut, par exemple, aux vétérans de l'Assemblée législative, aux hommes de science, d'érudition, de labeur, d'intelligence : Vous, vous serez de la chambre haute ; vous, au contraire, hommes des autres professions, des professions secondaires, vous serez de la chambre des communes. (Rires et agitation.) Il n'y a pas d'autre moyen, il faut bien que vous trouviez un moyen de distinguer parmi vos candidats. (Mouvement.)

Le citoyen Taschereau. Et les conseils d'arrondissement, et les conseils de département.

Le citoyen de Lamartine. L'honorable M. Taschereau m'a interrompu par un mot que je relève à l'instant ; il me disait : Ce seront les électeurs eux-mêmes, les conseils d'arrondissement, les conseils de département, qui détermineront d'après leur instinct arbitraire. (Il n'a pas dit cela !)

Je laisse l'interruption, puisqu'elle n'est pas

développée, et je persiste à demander à quels signes les électeurs eux-mêmes, le pays lui-même, les conseils d'arrondissement et de département, reconnaîtront-ils et désigneront-ils les membres de l'une ou de l'autre chambre ?

Est-ce à la fortune ? Mais c'est le signe le plus matériel, le plus brutal, de distinction ! tout le pays se révolterait comme vous-mêmes ! (Très-bien ! très-bien ! — Interruption prolongée.)

Est-ce à la profession ? Mais vous retombez dans le système des castes, dans le système des Indes, et vous êtes en France, en 1848 ! (Mouvement.)

Est-ce le sort ? Mais il est aveugle, il enverra un sage dans la chambre des tribuns et un tribun dans le conseil des sages. (Approbation.)

Est-ce l'âge ? Mais vous déferiez cette œuvre admirable, cette combinaison divine de la nature, qui mêle les âges divers dans la même génération, pour que les faiblesses d'un âge soient corrigées par la force et la maturité d'un autre âge, pour que la vieillesse et la jeunesse, l'enfance et la virilité forment cette moyenne qui fait l'équilibre des facultés dans le genre humain. Quoi ! vous scinderiez ces formes différentes dans votre corps législatif à deux actes de naissance! (Très-bien! très-bien!)

Vous placeriez, comme la constitution de l'an III, là tous les hommes d'expérience et de tradition, tous les vétérans de la politique; ici tous les jeunes enthousiasmes, toutes les fougues, toutes les impatiences (Mouvement); là la nécropole des vivants, ici l'inexpérience et l'entraînement naturels à la jeunesse!

Vous vous priveriez même, vous, chambre démocratique, de toute la majesté, de toute l'autorité que Dieu, la nature et les hommes ont attachées de tout temps au signe des années glorieusement et laborieusement employées au service du pays.

Ainsi, je vois d'ici, dans ma pensée, sur le sommet de ces derniers bancs, où je voyais avec satisfaction, assis, dans les dernières années de l'ancien gouvernement, un homme dont le nom est dans toute votre estime, dont le nom est sur toutes les lèvres, le vénérable Royer-Collard. En vertu de cette loi qui aurait scindé l'Assemblée nationale en deux âges et qui crée un conseil des anciens, vous viendriez dire à Francklin, à Royer-Collard : Va-t-en dans l'autre chambre, je t'exile au Luxembourg. (Profonde sensation.)

Vous perdriez ainsi votre autorité, et avec cela toute l'autorité, toute la majesté et une partie du respect de la loi. (Nouveau mouvement.)

Je dis, messieurs, que toutes ces conditions, toutes ces catégories sont destructives, non-seulement de la force, mais de la dignité morale, de l'autorité, de la majesté du grand pouvoir législatif unitaire dans votre pays; je dis qu'elles sont radicalement impraticables, et qu'à mesure qu'on les presse dans les mains, elles s'évanouissent en sophismes ou en impossibilités; la nature des choses, comme le danger de votre situation, vous ramènera à la vérité, plus éloquente et plus convaincante que toutes les paroles, à l'unité de la représentation, personnifiée dans l'unité d'une assemblée; et cela, je le répète avec intention, sinon pour toujours, au moins pour la première période.

Messieurs, je finis par où j'ai commencé. C'est par cet instinct du moment, par ce génie de l'à-propos, par ce que les anciens appelaient le dieu des circonstances : il vous dit, il me dit du moins que si vous aviez deux assemblées, ce serait le moment qui vous commanderait de les fondre en une. (Bravos à gauche.)

Oui, pour suffire aux éventualités graves de notre présent et de notre avenir pendant notre transformation, ne nous flattons pas : les difficultés ne sont pas insurmontables, mais elles sont immenses. Regardons-les face à face, c'est le moyen de les surmonter ; nous les surmonterons, je le sais, mais osons les envisager.

Voyez en vous et autour de vous, sur toute l'Europe, en France, en Italie, en Allemagne, au nord, au midi, partout, y eut-il jamais un horizon plus chargé, si ce n'est de foudres, au moins de nuages? Non, il n'y eut rien de pareil, je parle de l'état des esprits dans les masses égarées, et égarées même par de généreuses, mais impossibles aspirations. Il n'y eut rien de pareil aux pronostics, aux périls, aux dangers de guerre sociale sourde ou éclatante, depuis le moyen âge, en Allemagne depuis les temps où des fanatiques comme les anabaptistes, Jean de Leyde et les juges du peuple à Mulhouse, à Munster, recrutaient jusqu'à trente mille combattants pour des chimères, ravageaient les bords du Rhin, établissaient la communauté des biens et des femmes, et disparaissaient quelques mois après dans leur sang et dans celui qu'ils avaient répandu, comme ces idées monstres, comme ces météores intellectuels qui apparaissent de temps en temps dans le monde pour l'effrayer, et qui, comme ce qui est monstrueux dans la nature, ne se reproduisent plus. (Très-bien! très-bien!)

Je me trompe, citoyens! ces idées se reproduisent ou essayent de se reproduire dans de nouvelles sectes : vous en êtes aujourd'hui les témoins.

Eh bien! je vous le demande, contre ces actes, contre ces idées, contre ces associations souterraines qui travaillent, non pas seulement les mauvaises passions, mais au fond les bonnes inspirations de certaines parties du peuple, et qui recrutent comme un élément de désordre la pire des factions, la faction de l'indigence, de la misère et de la faim, pour la porter tout entière contre votre société, qu'aurez-vous à opposer à tout instant? Deux choses : la lumière et l'assistance, et le secours et le travail, et l'enseignement d'abord ; et après, quand il faudra couvrir l'ordre social, menacé à main armée, quoi ? la dictature, citoyens! la dictature d'une assemblée toute-puissante, une et toujours debout! La dictature non pas d'un homme, mais la dictature du pouvoir législatif et du pouvoir exécutif, résumé dans vos personnes ; ou, si vous la confiez à un seul homme, comme aujourd'hui, vous étreindrez la main de cet homme dans votre main, pour qu'il n'abuse pas de la puissance que vous lui avez concédée. (Très-bien ! très-bien !)

C'est la dictature, vous dis-je, la dictature sous son beau nom, sous sa forme légitime et légale, la dictature de la nation.

Je dis qu'à ce danger de sectes anti-sociales, à ce recrutement continu de pensées et de ressentiment contre l'ordre social, se produisant de temps en temps en actes coupables et déplorables, vous n'avez qu'une chose à opposer : ce n'est pas le jeu de deux chambres, combinaison de trois pouvoirs pour former une volonté *dans une;* c'est la dictature immédiate, présente, instantanée, soudaine, du pouvoir exécutif et du pouvoir législatif résumée, si ce n'est dans vos mains, du moins sous vos mains. Et voyez ce qui se passe dans un autre ordre d'idées. Pour beaucoup d'esprits arriérés, rétrogrades, plagiaires d'un passé, imitateurs de ce qui doit être couvert à jamais d'un voile de deuil, pour beaucoup de ces esprits, nous entendons tous les jours, je le lisais ce matin même dans vos journaux arrivés du midi, pour beaucoup de ces esprits, la République, qui a un beau sens pour l'universalité de l'Assemblée nationale et du pays, a un sens sinistre au fond de leur pensée. (Murmures. — *A gauche.* Oui ! oui ! C'est vrai !)

Vous n'avez donc pas lu ce matin les cris proférés à Toulouse ?

Eh bien ! contre ces hideuses tentatives de faire rentrer la République dans des ornières sanglantes, pour empêcher que des insensés la perdent en la rendant odieuse, contre les conciliabules de cette faction, je me trompe, ces hommes ne méritent pas le nom de faction, ce ne sont que des individus en nombre imperceptible et répudiés par les factions mêmes ; mais enfin contre ceux qui voudraient ainsi déshonorer la France, la République, le peuple, la liberté, qu'auriez-vous souvent ? La dictature ! Évoquer à vous la loi, la force et en foudroyer ces insensés qui seraient les plus dangereux ennemis de la République, car il la couvriraient d'impopularité et d'exécration. (Très-bien ! très-bien !) Et contre les reflux des réactions étrangères, et contre les entreprises des ambitions et des souvenirs, qu'auriez-vous en cas de guerre civile? La dictature obligée d'une assemblée unique, ayant dans la même main l'arme défensive et la loi protectrice de la patrie menacée dehors et dedans !

Mais, citoyens, je finis par là, par un simple raisonnement froid, mais précis comme un dilemme :

Cette dictature d'une assemblée souveraine au nom de la nation, souvent nécessaire au moment où l'on fonde dans la tempête des esprits, à qui la confierez-vous dans l'hypothèse des deux chambres? Je vous le demande : interrogez-vous. (Mouvement d'attention.) La remettrez-vous aux deux chambres à la fois? Mais elles la déchireront en se la partageant. (Très-bien !)

La remettrez-vous à une seule des deux assemblées? Mais l'autre sera absorbée, avilie, anéantie, détruite! Ce ne sera pas une dictature, ce cera alors une révolution! (Bravos à gauche.)

La remettrez-vous à un homme? Quoi! vous auriez plus de confiance dans un homme! que dans la nation représentée par vous-mêmes! (Sensation prolongée.)

Un homme! Mais cela est bien facile à dire. Où sera-t-il, cet homme? Sommes-nous dans un temps où l'on prenne les noms pour des choses, un fantôme pour réalité? (Nouveau mouvement.)

Mais quand vous auriez cet homme sous la main, je vous dirai encore : Prenez garde! prenez garde à qui vous remettrez vos pouvoirs ! Il y a deux noms dans l'histoire qui doivent à jamais, selon moi, empêcher une Assemblée française de confier la dictature de sa République, de sa révolution, à un homme?

Ces deux noms, citoyens, c'est le nom de Monk, en Angleterre, et, en France, c'est le nom de Bonaparte! (Mouvements prolongés.)

Citoyens, j'étais monté, presque indécis sur mon vote, sur les raisons analysées du moins qui me faisaient me prononcer, et pour m'interroger moi-même devant vous plutôt que pour vous communiquer mes convictions faites. Mais, je le déclare en descendant de cette tribune, j'hésitais presque ; je n'hésite plus, et je vote pour une seule assemblée. (Très-bien ! très-bien ! — Mouvement prolongé d'approbation.)

www.ingramcontent.com/pod-product-compliance
Lightning Source LLC
Chambersburg PA
CBHW060726050426
42451CB00010B/1648